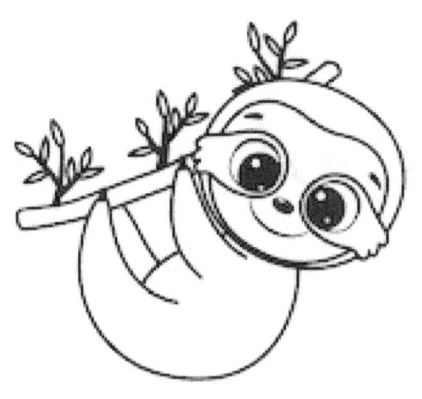

Este Livro Pertence a:

_____

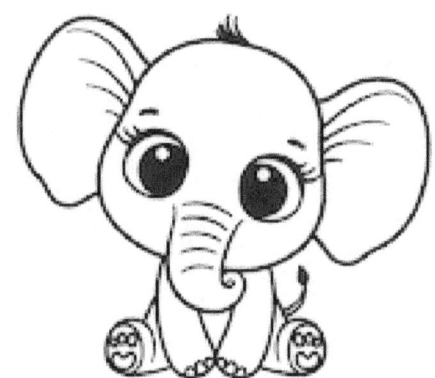
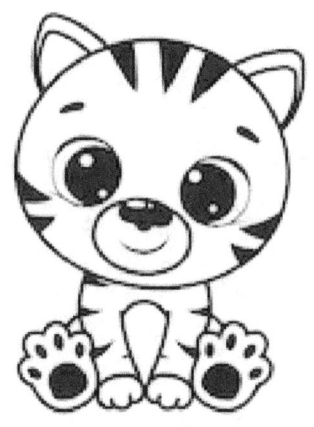

TODOS OS DIREITOS RESERVADOS

2024

Nenhuma parte desta publicação pode ser reproduzida, distribuída ou transmitida de qualquer forma ou por qualquer meio, incluindo fotocópia, gravação ou outros métodos eletrônicos ou mecânicos, sem a permissão prévia por escrito do editor, exceto breves citações incorporadas em resenhas críticas. e outros usos não comerciais específicos. Qualquer réplica não autorizada desta obra é proibida.

Taynara Silva

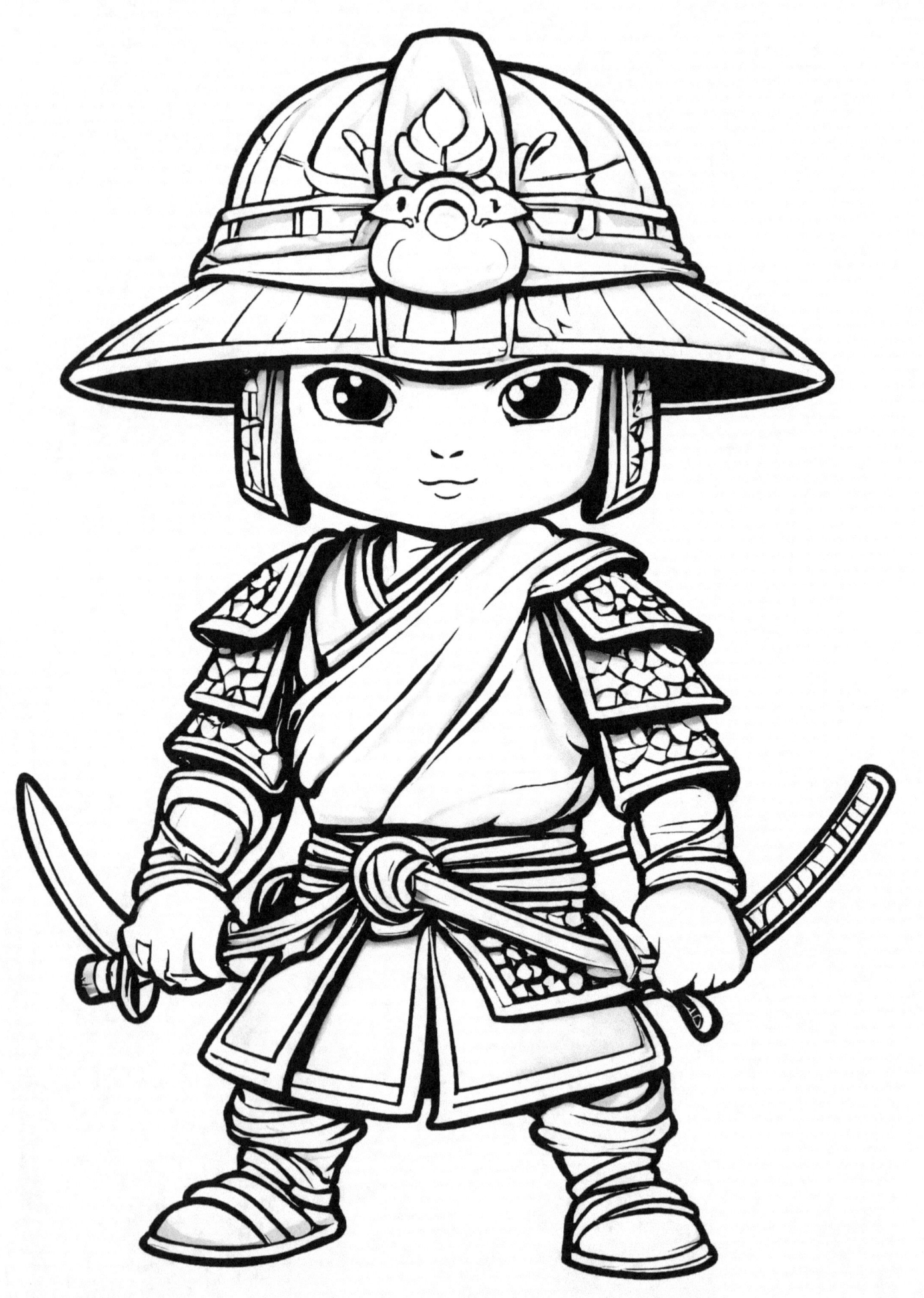

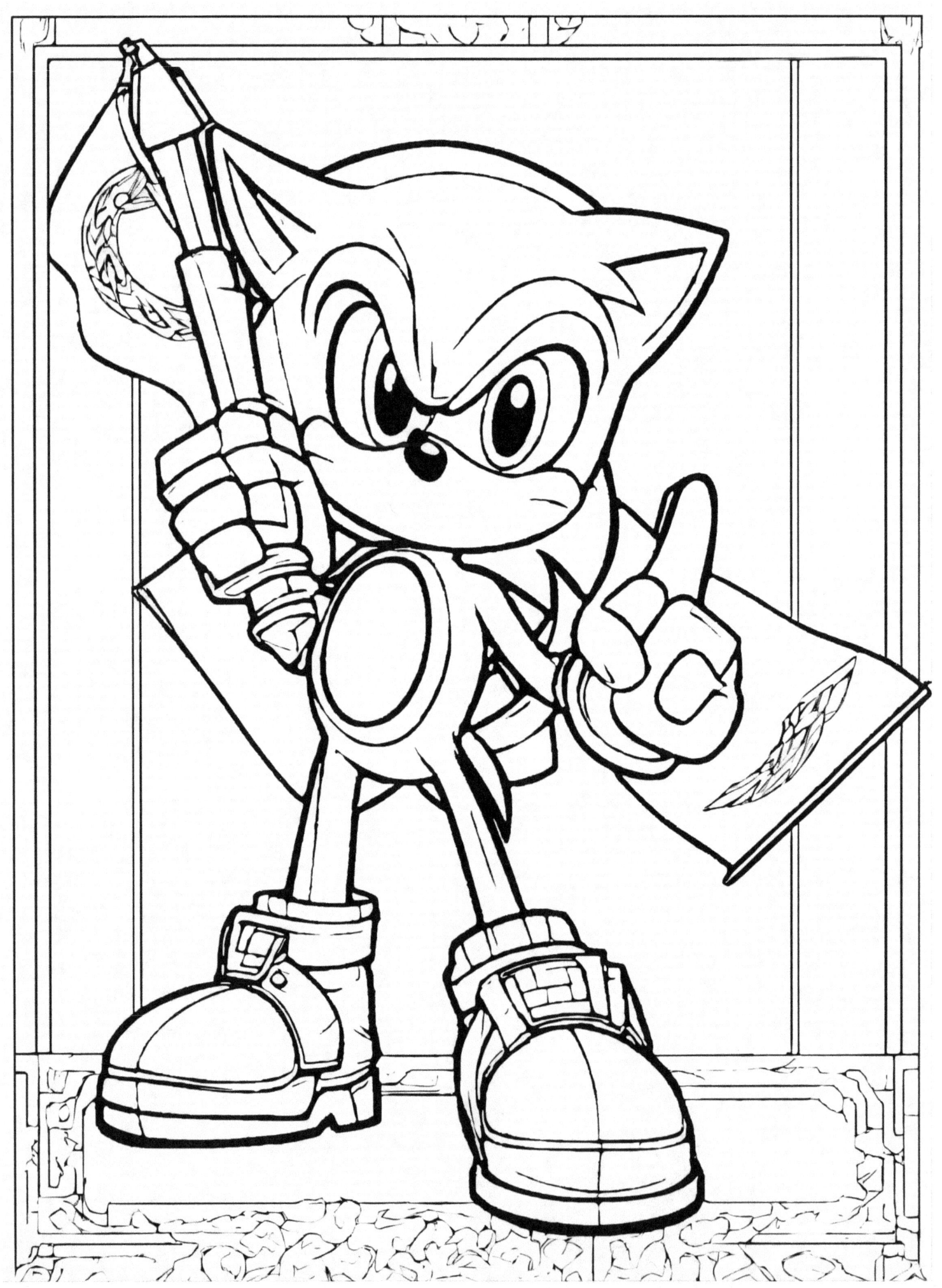

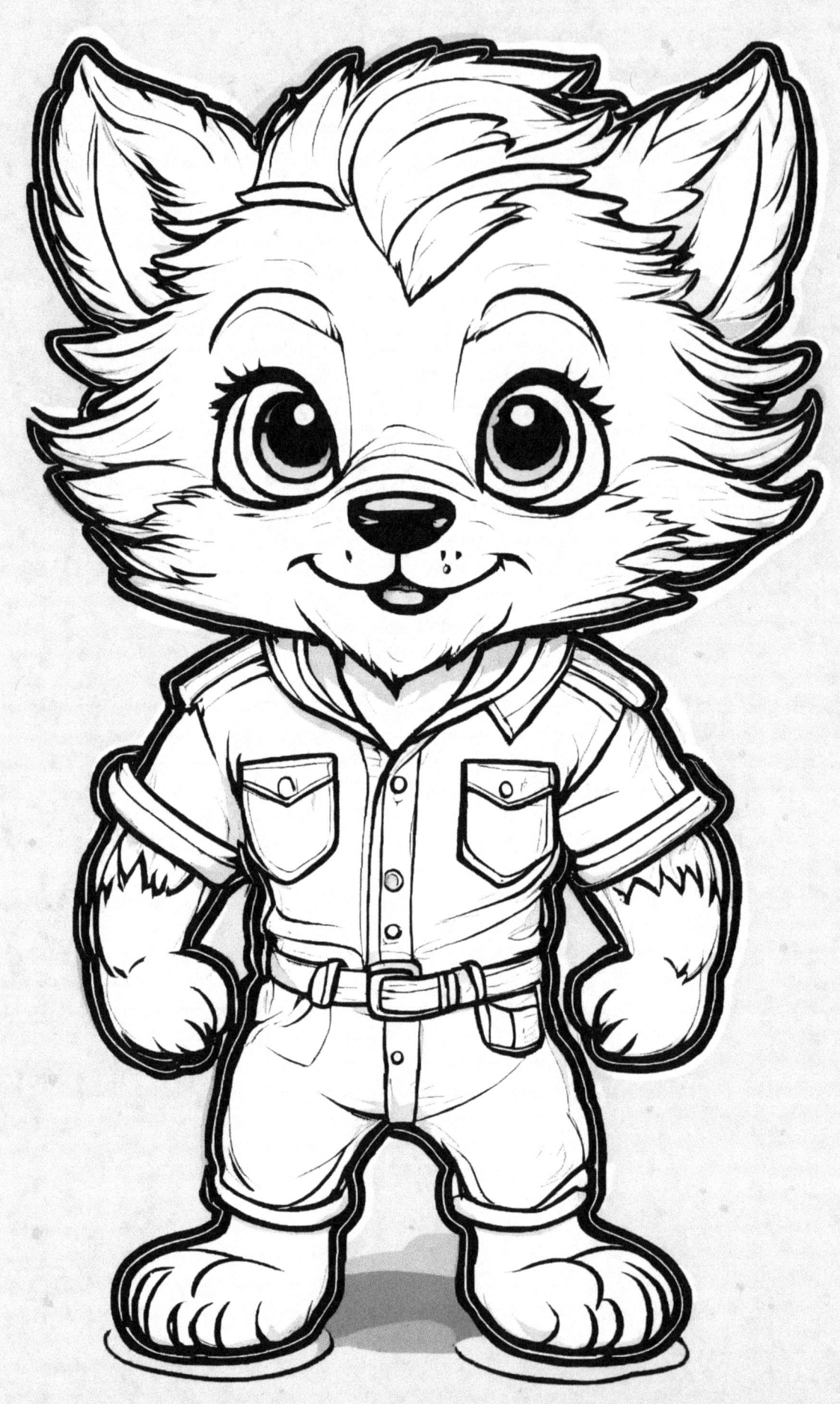

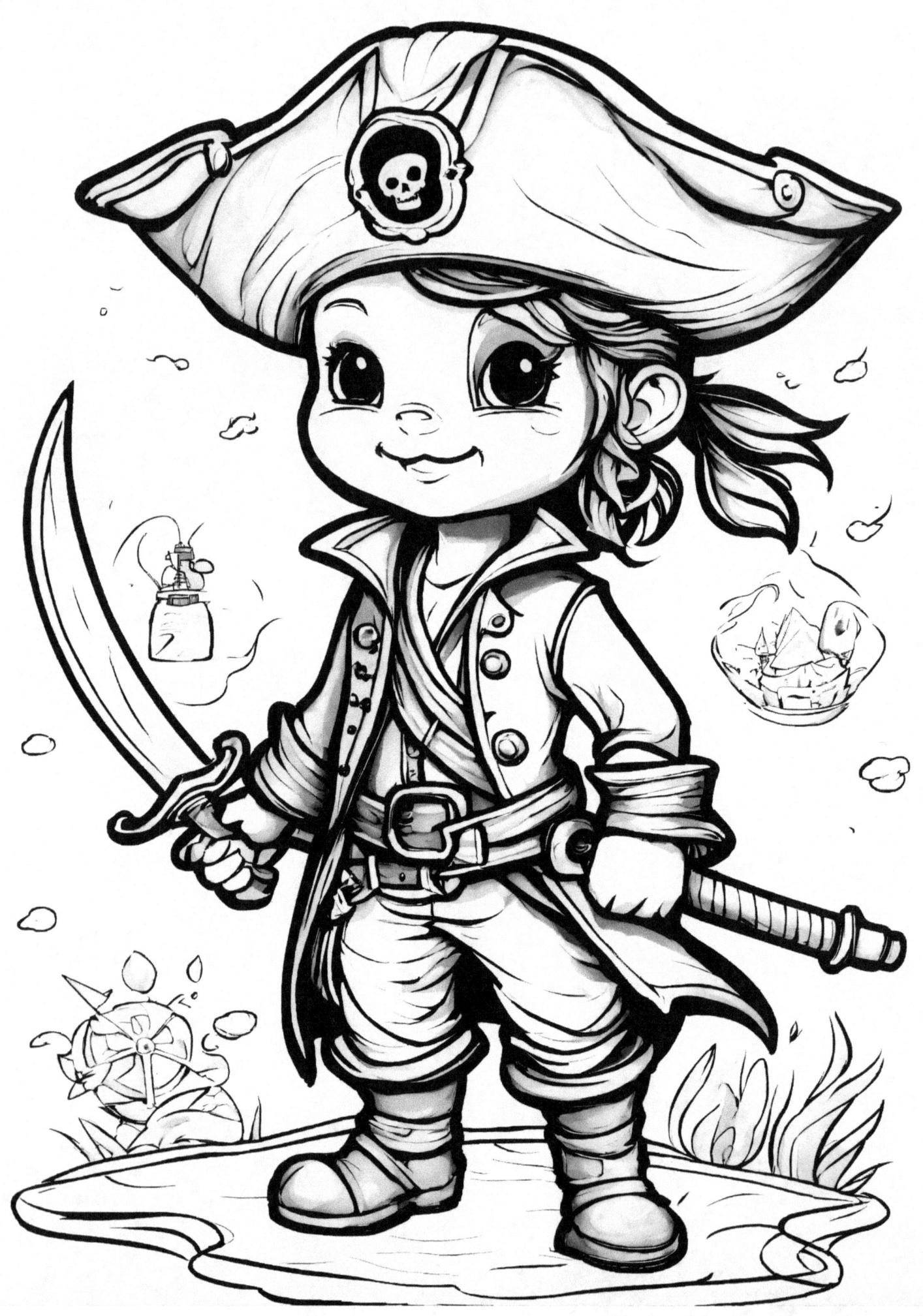

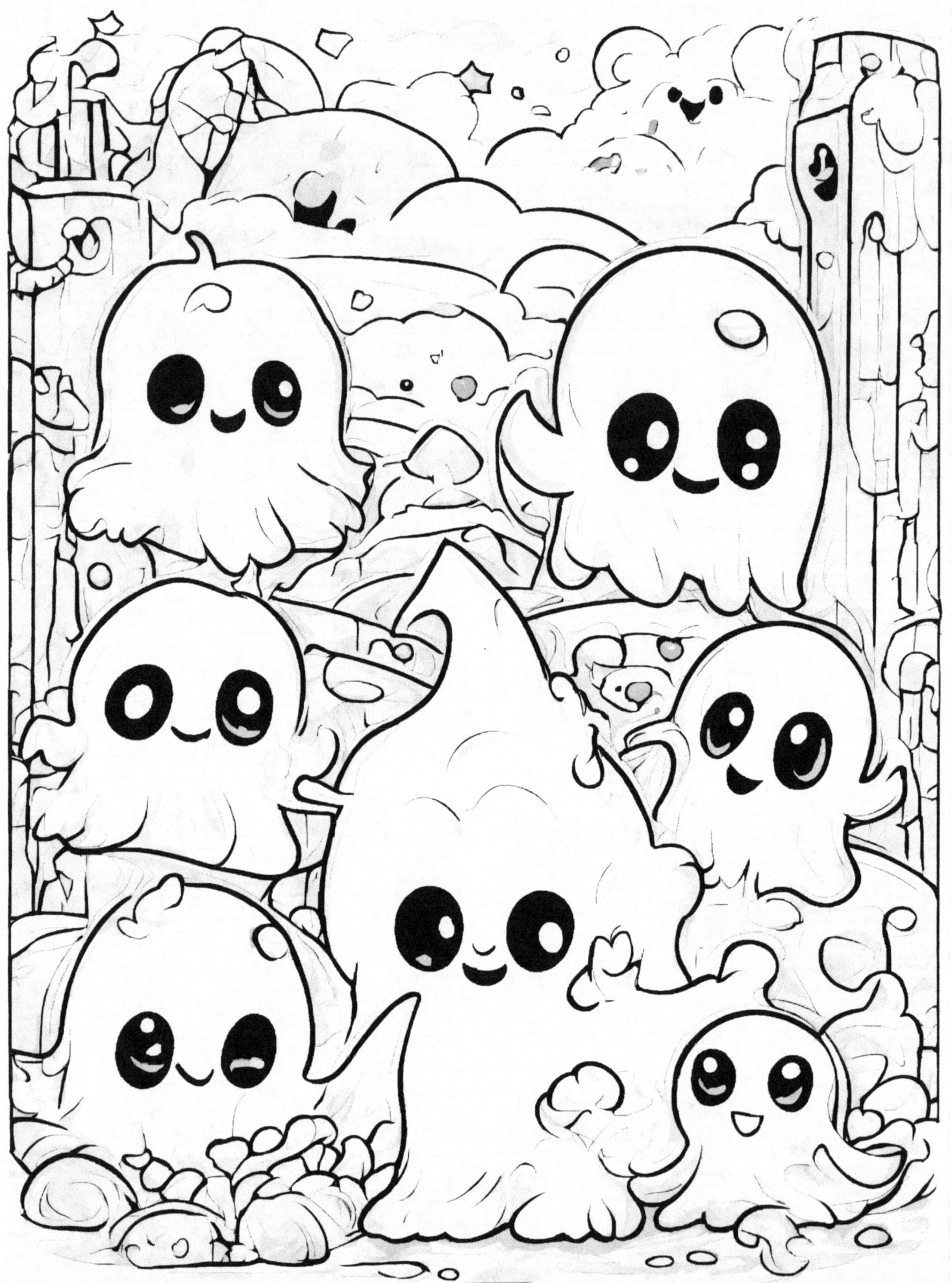

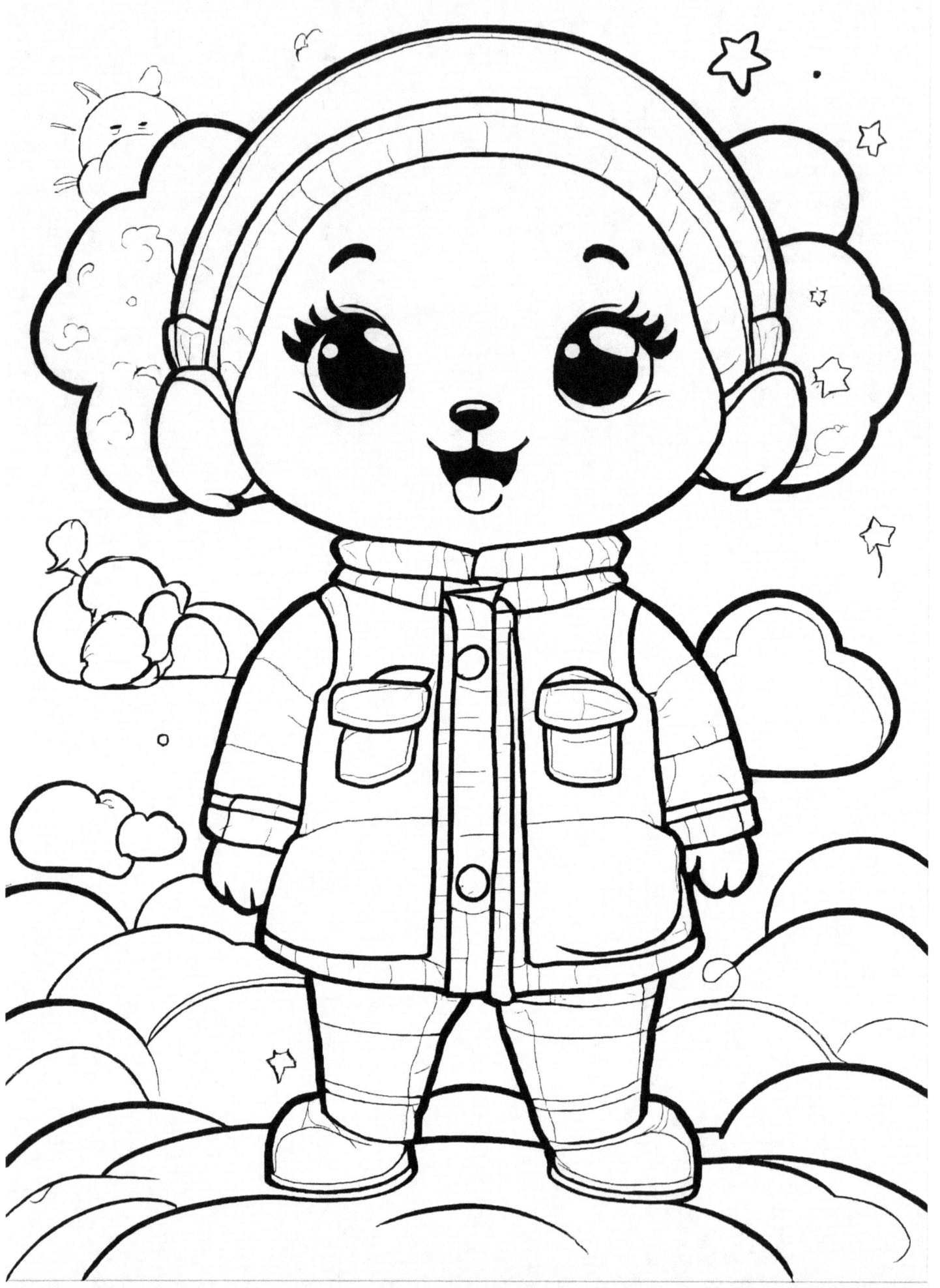

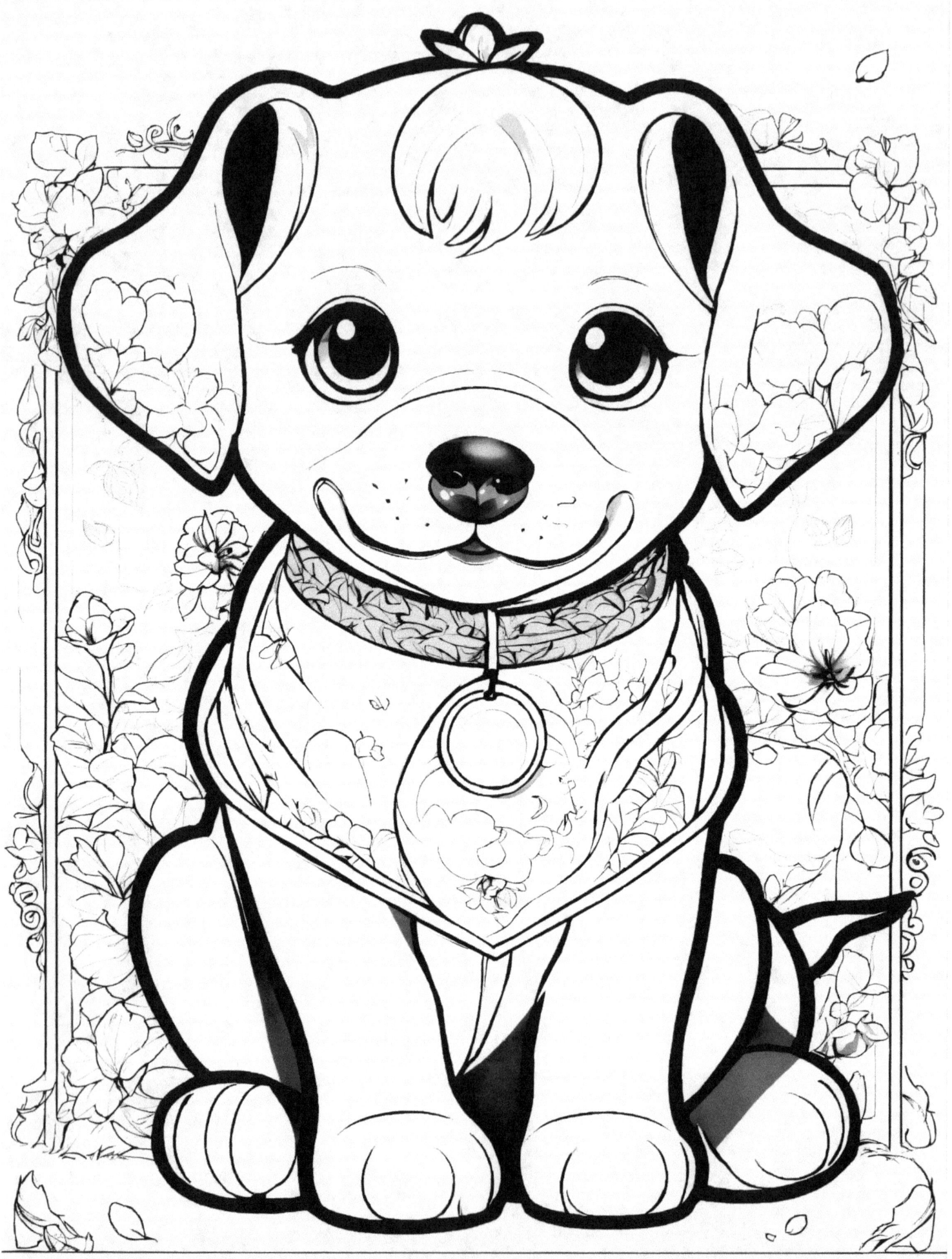

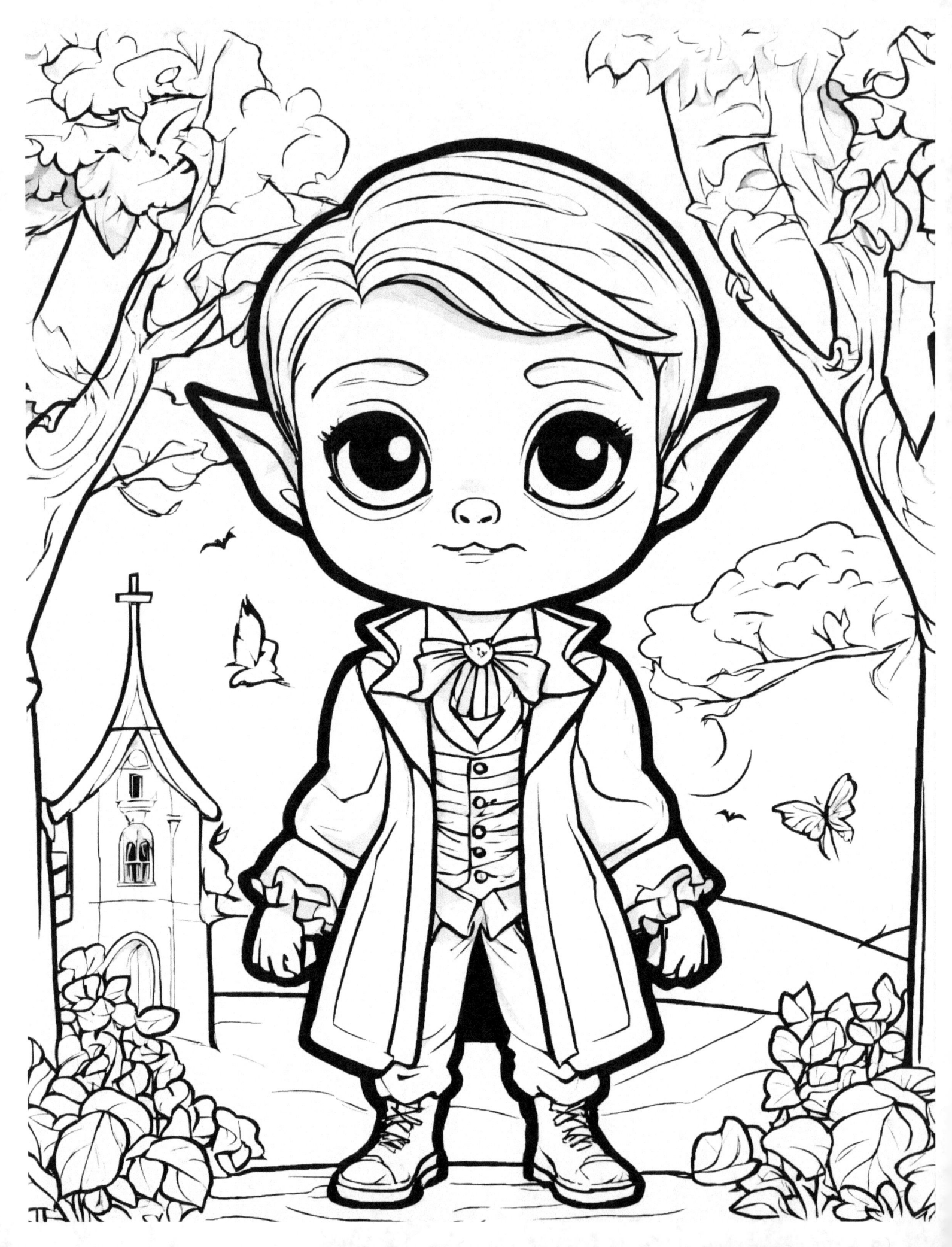

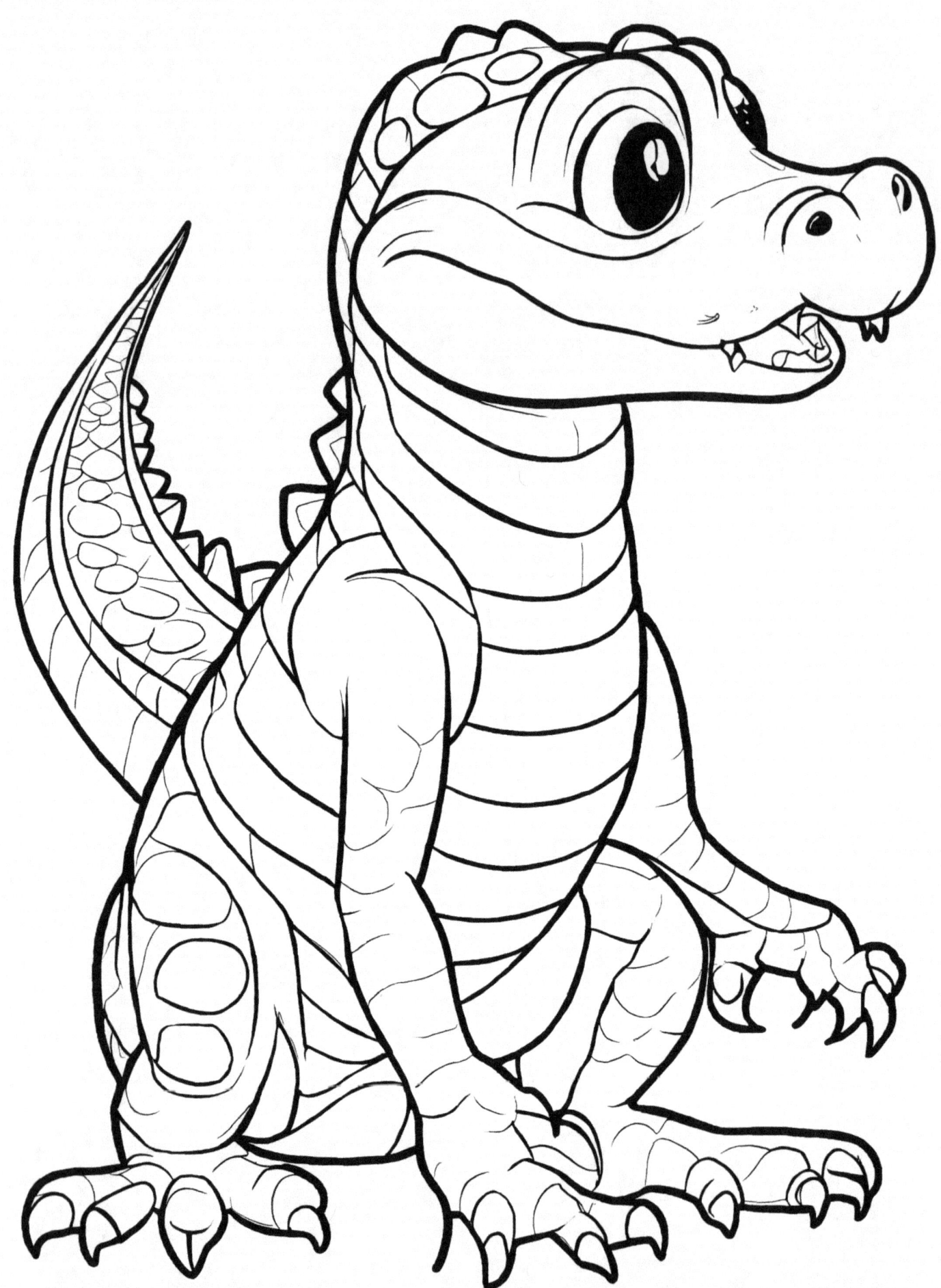

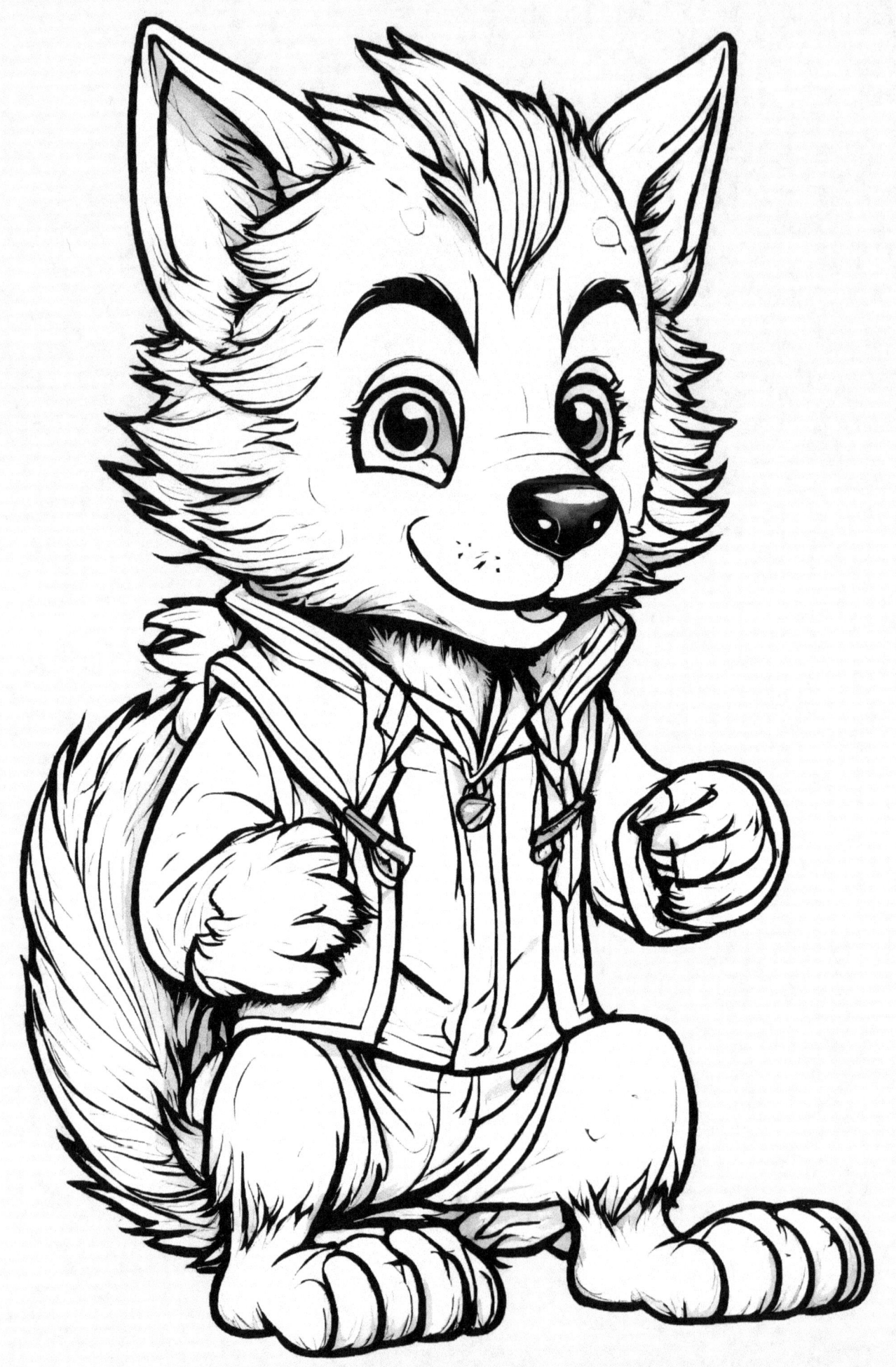

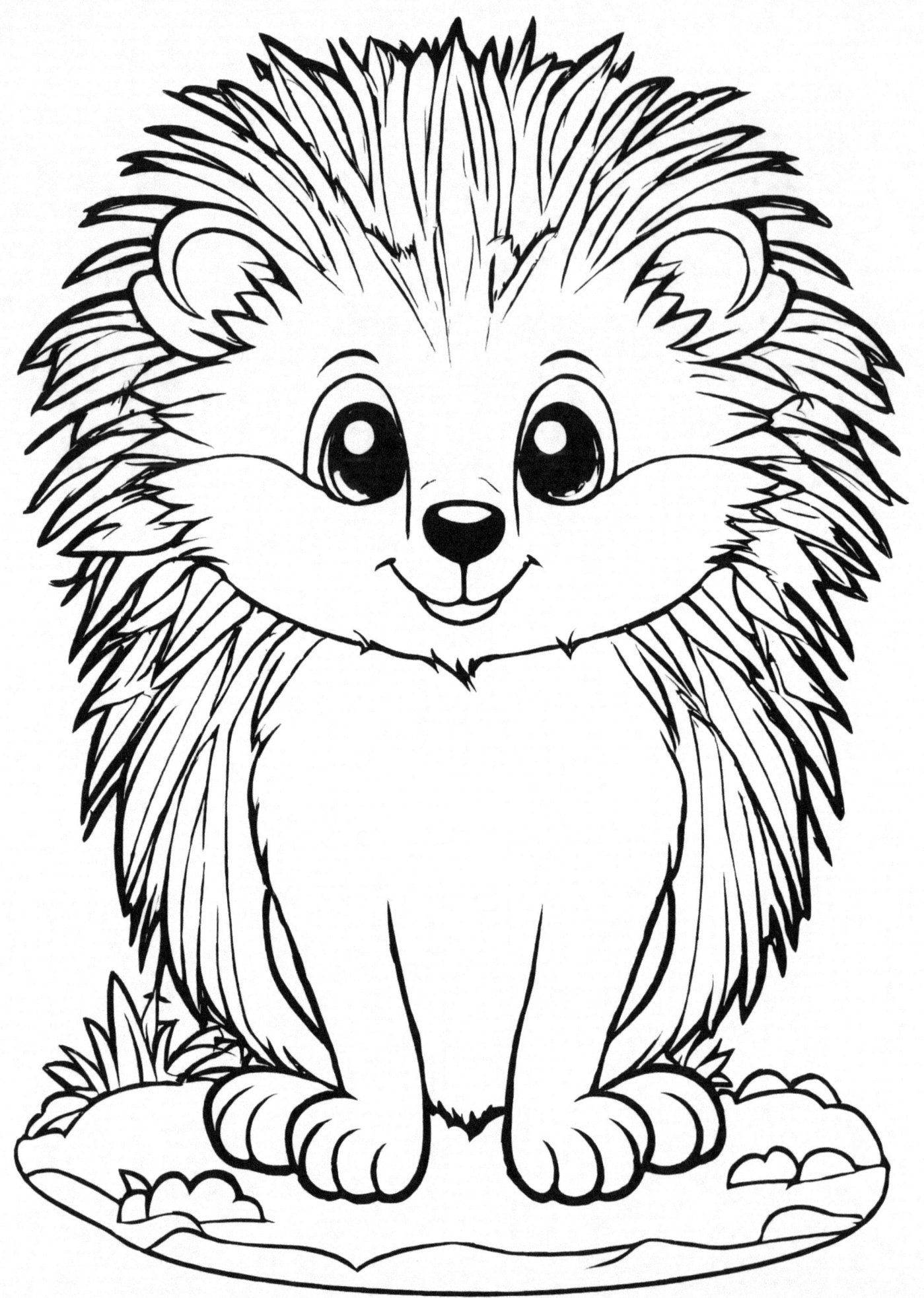

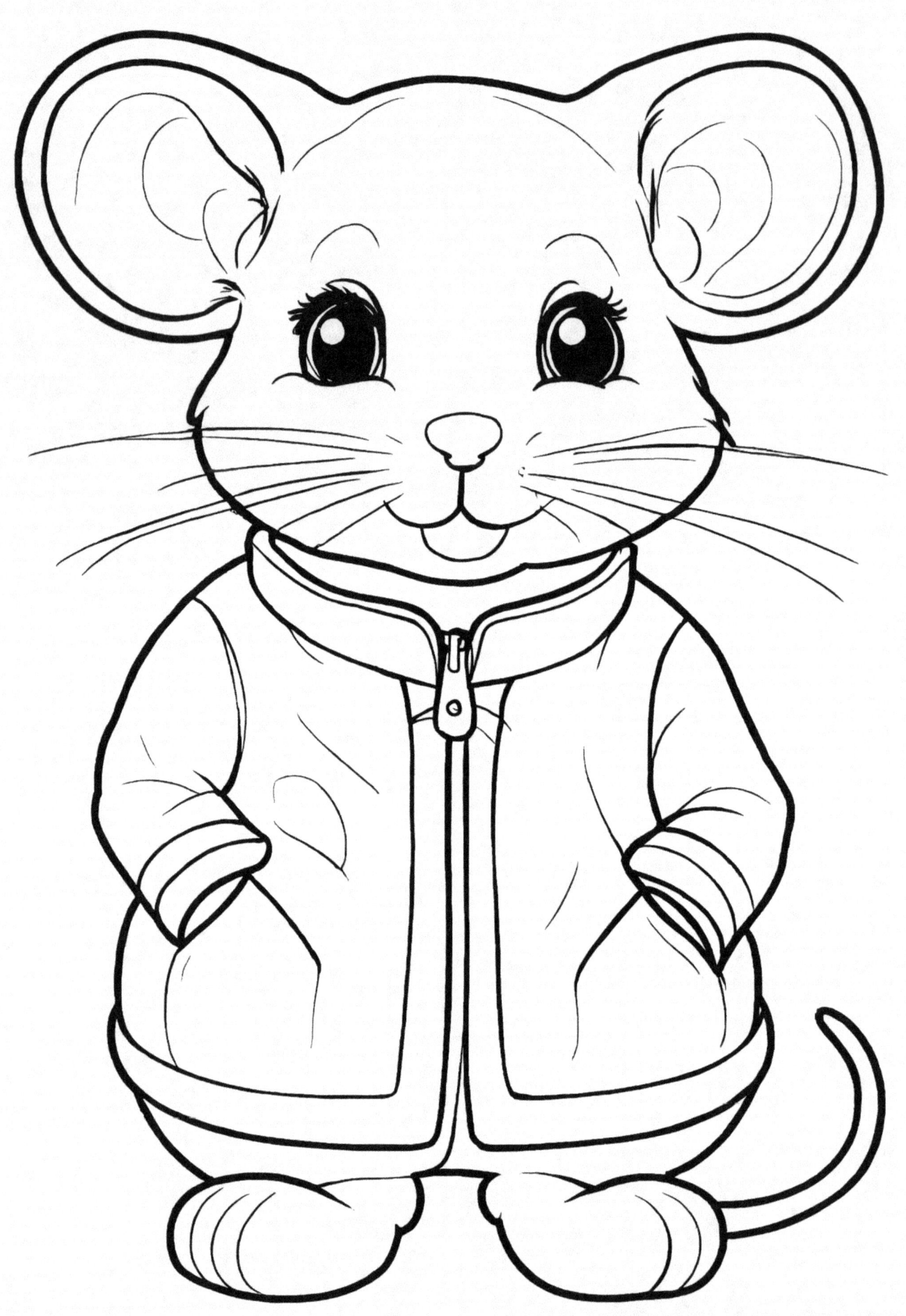

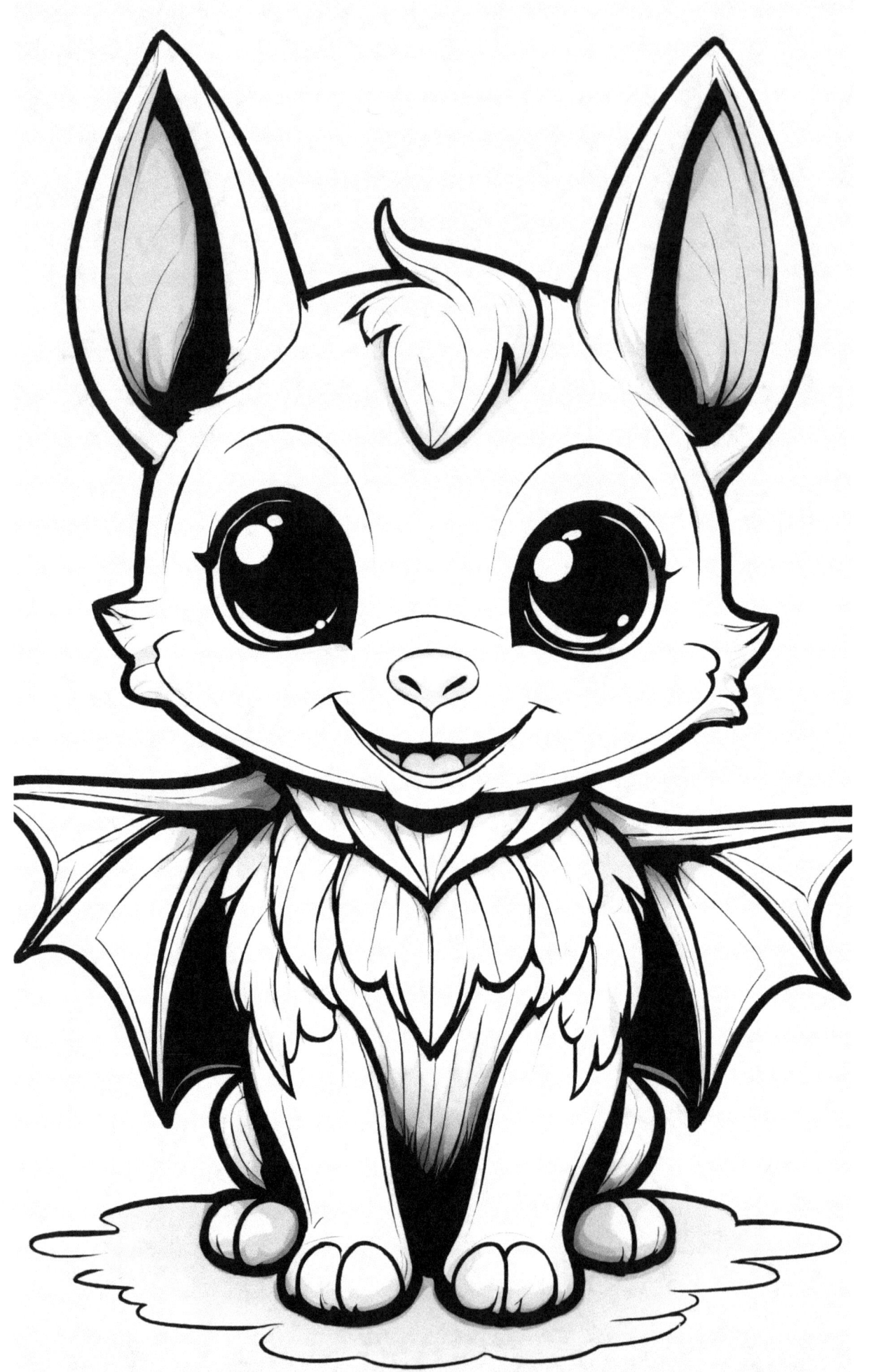

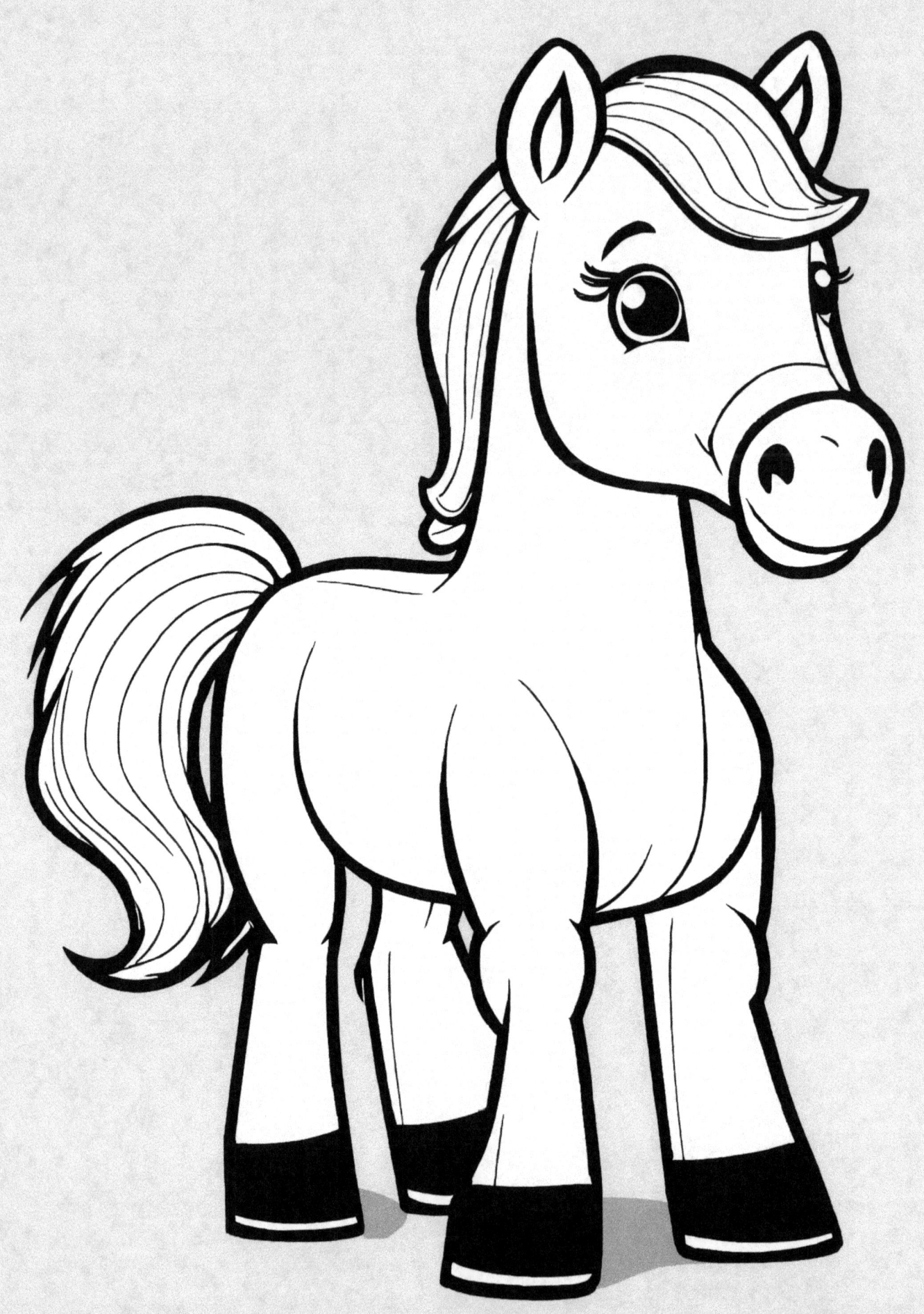

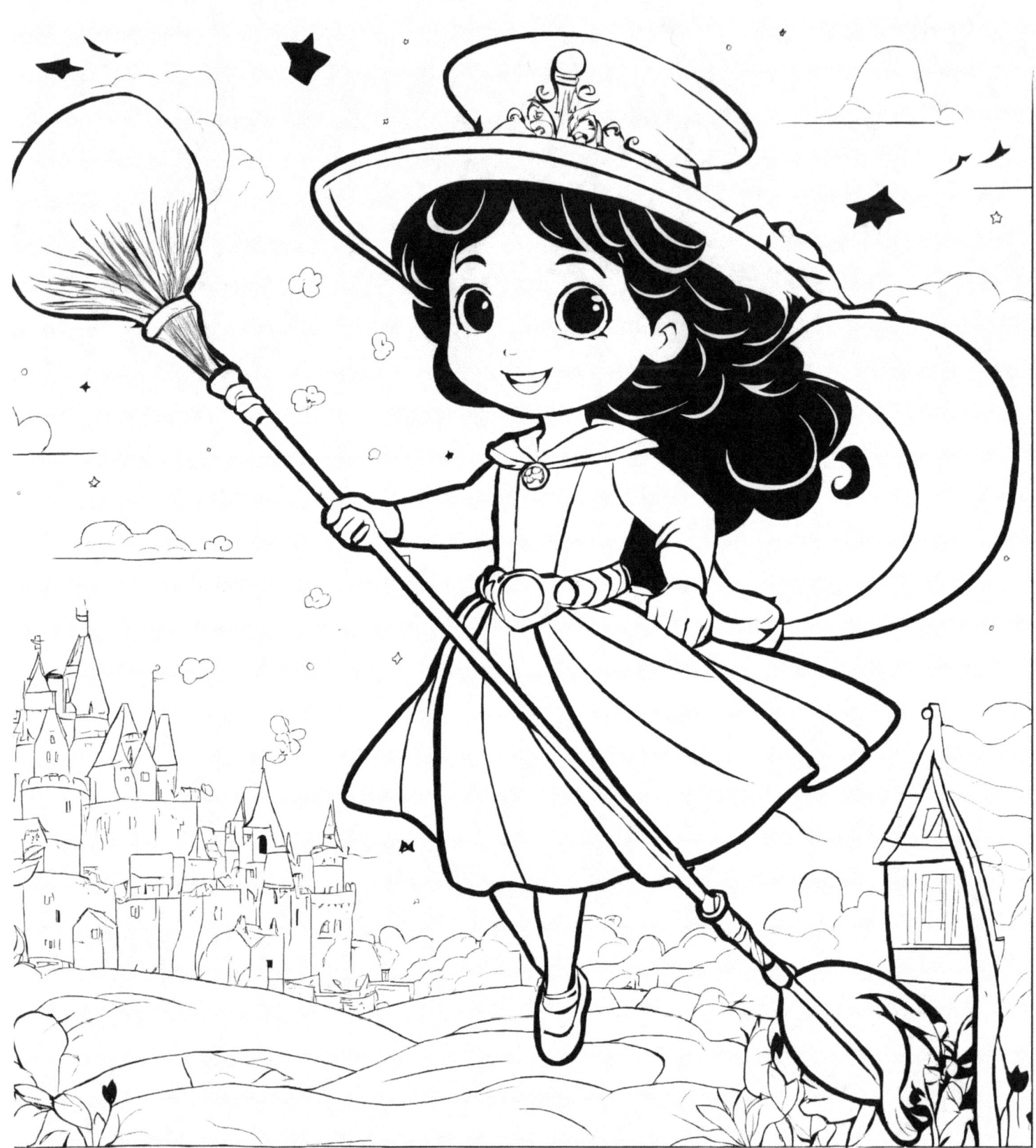

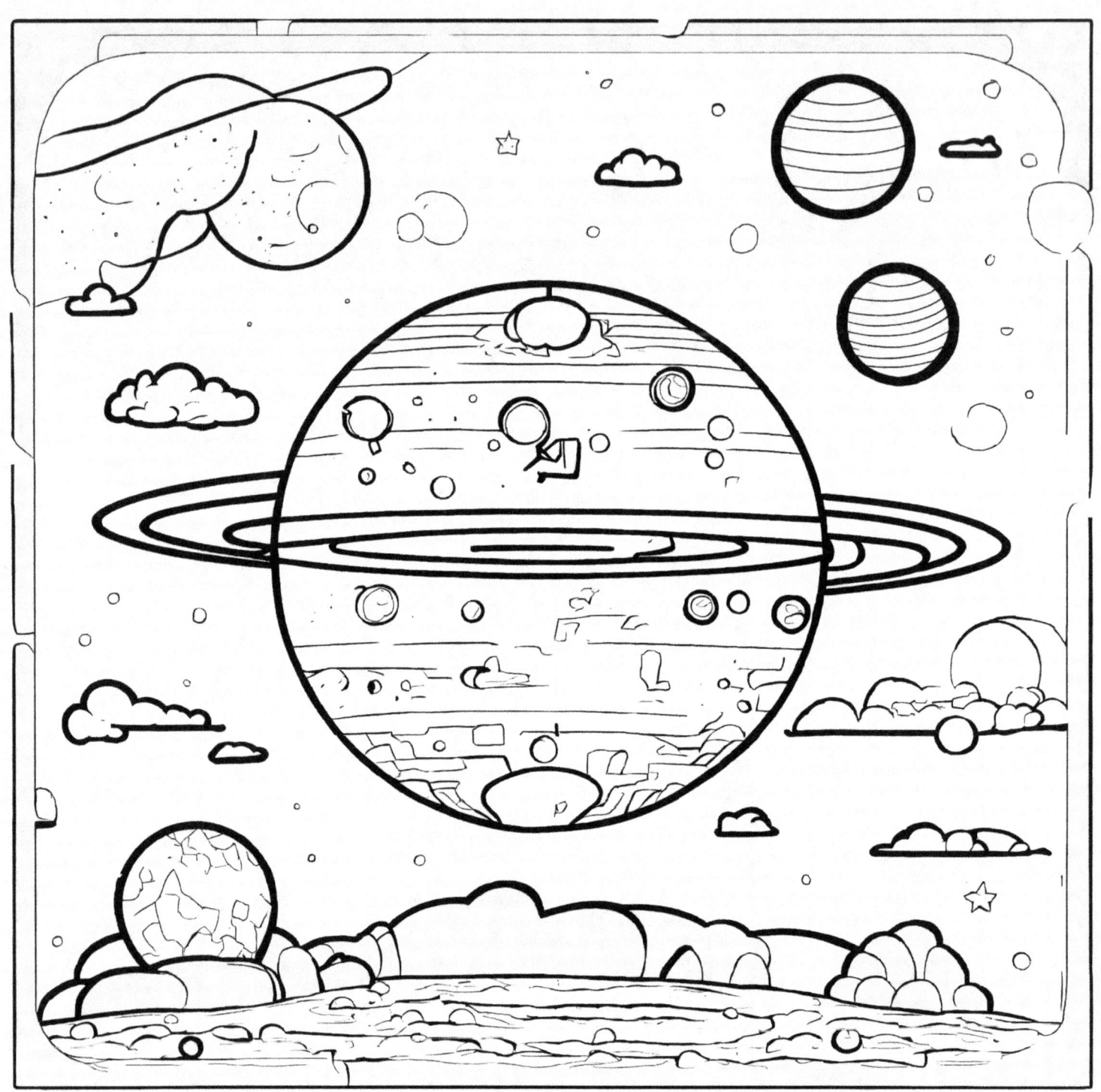

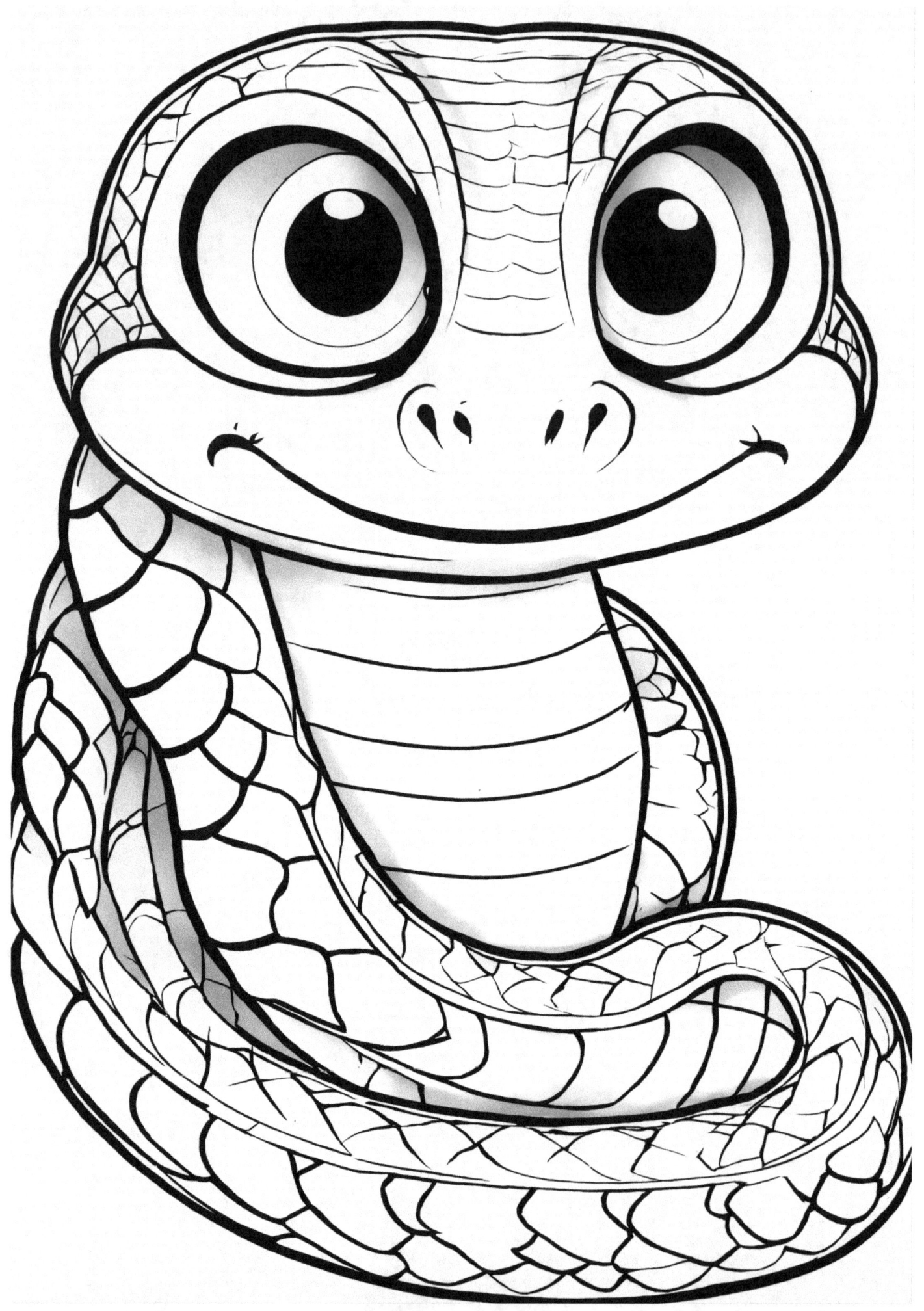

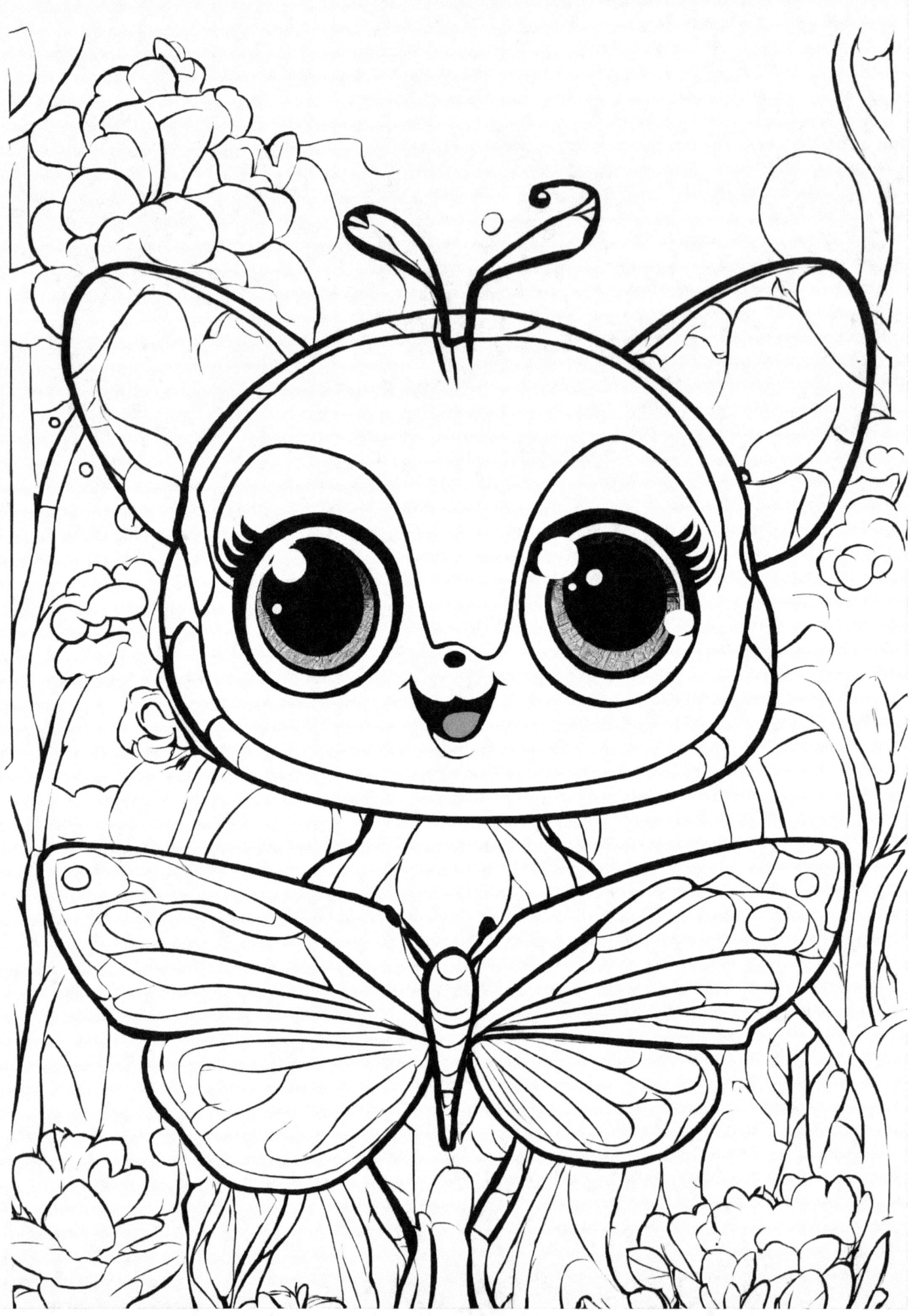

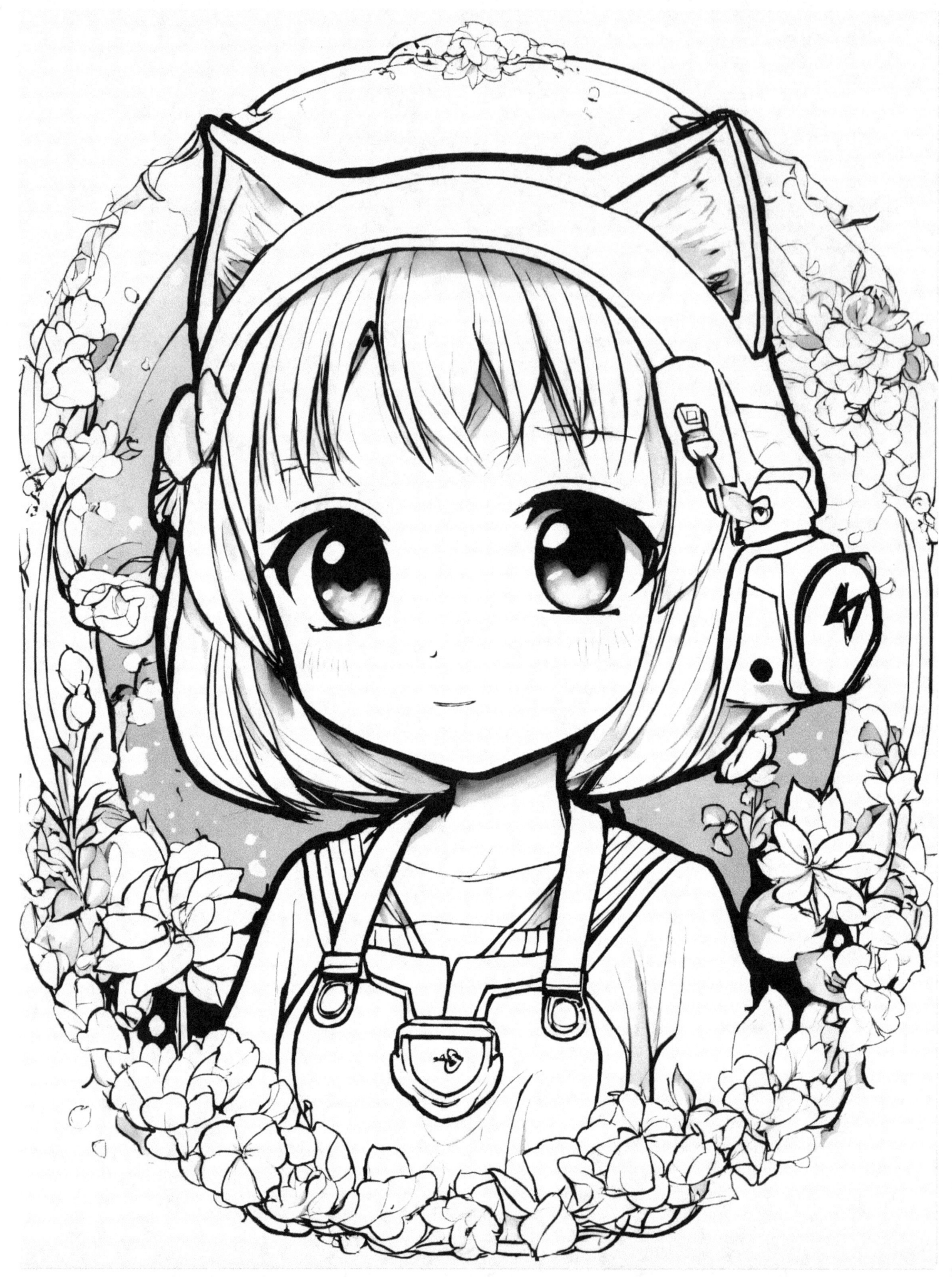

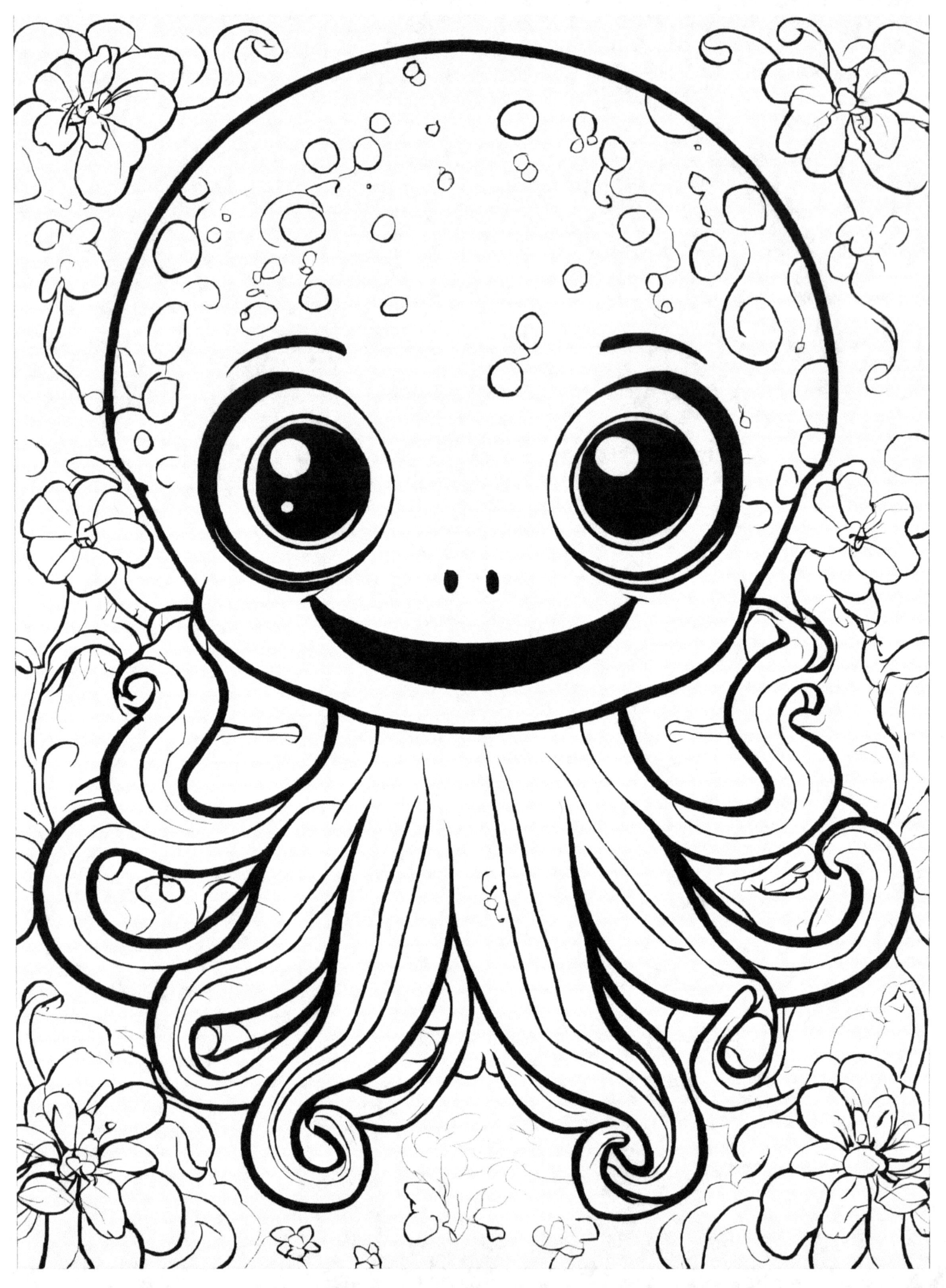

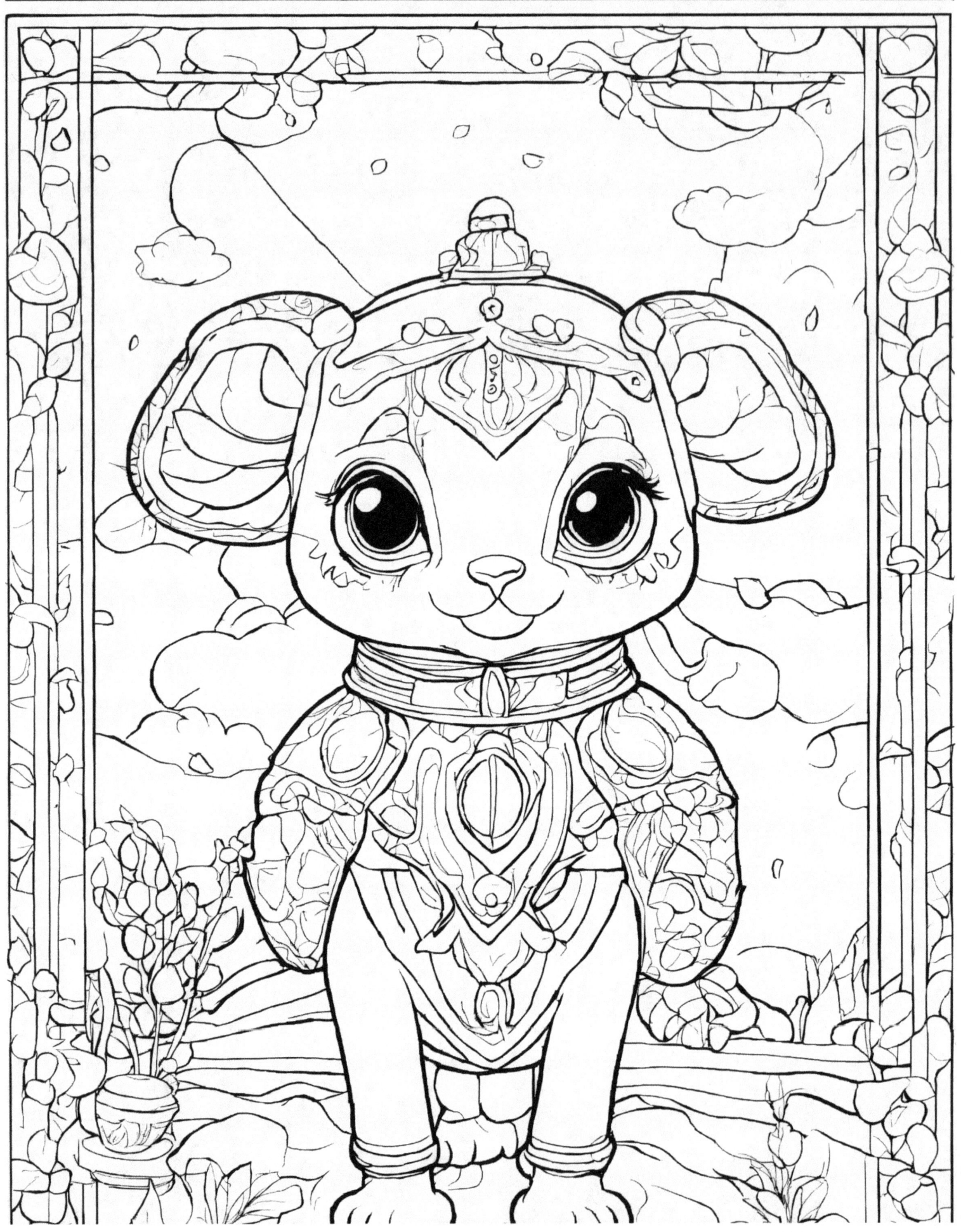

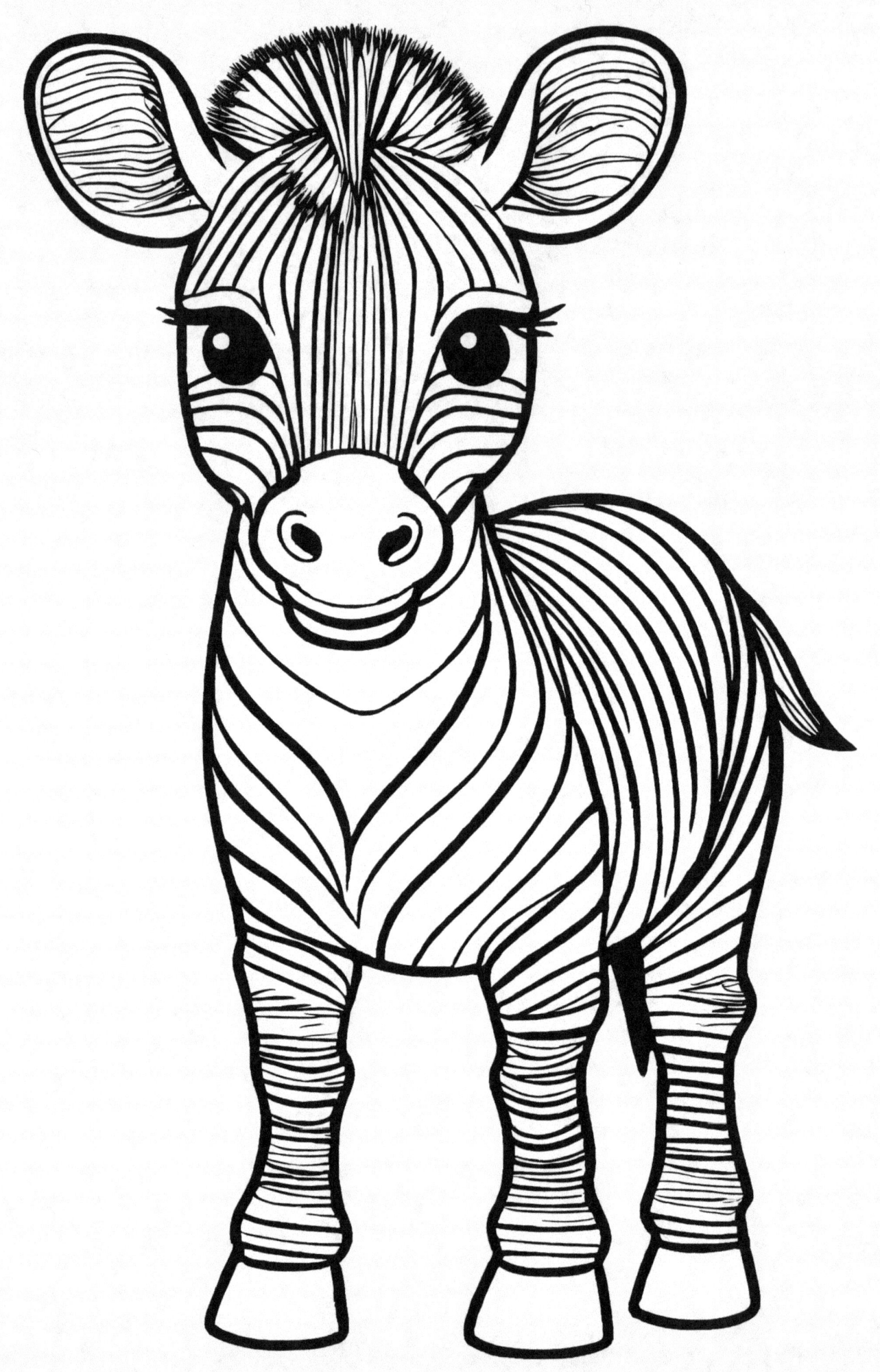

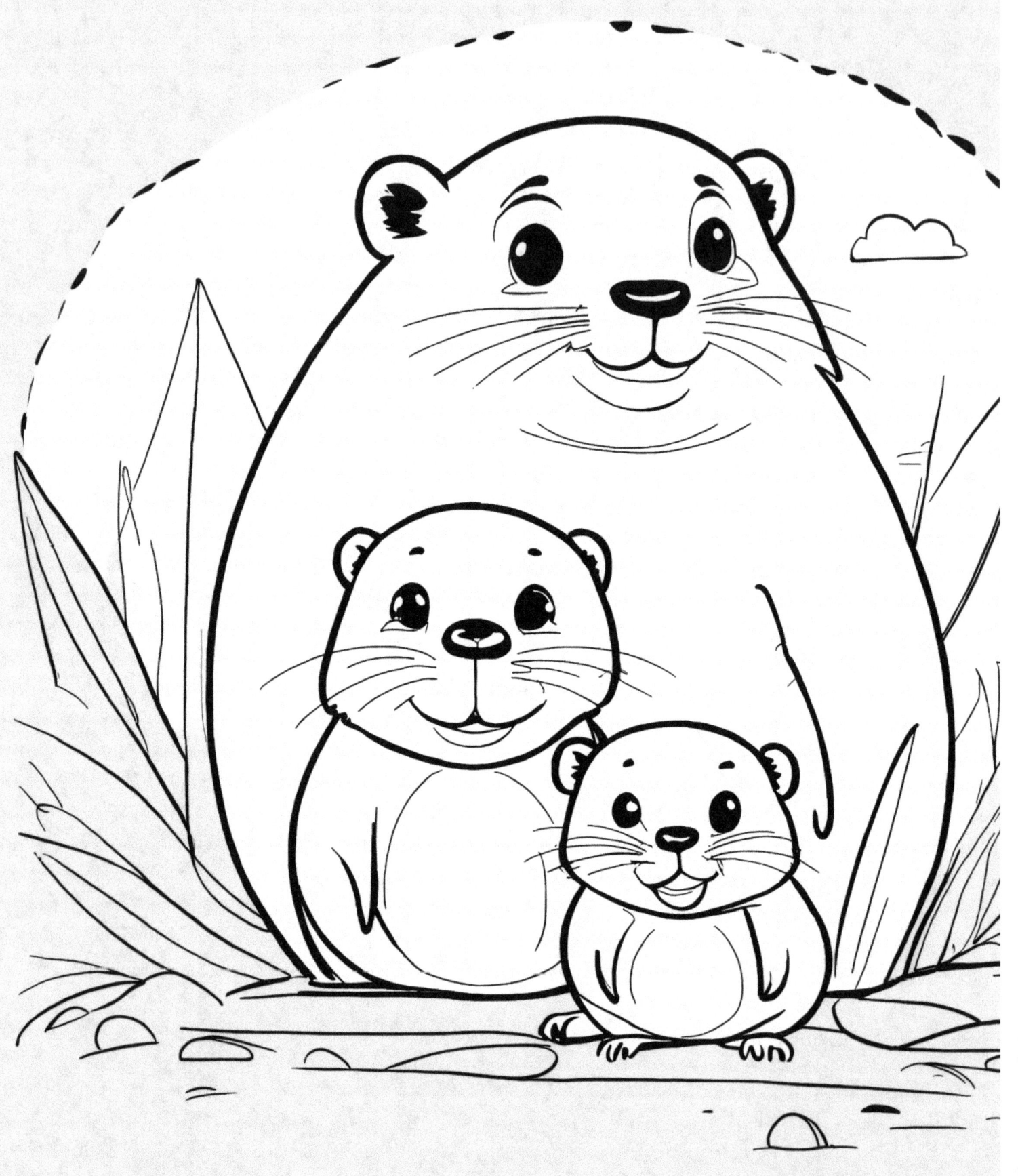

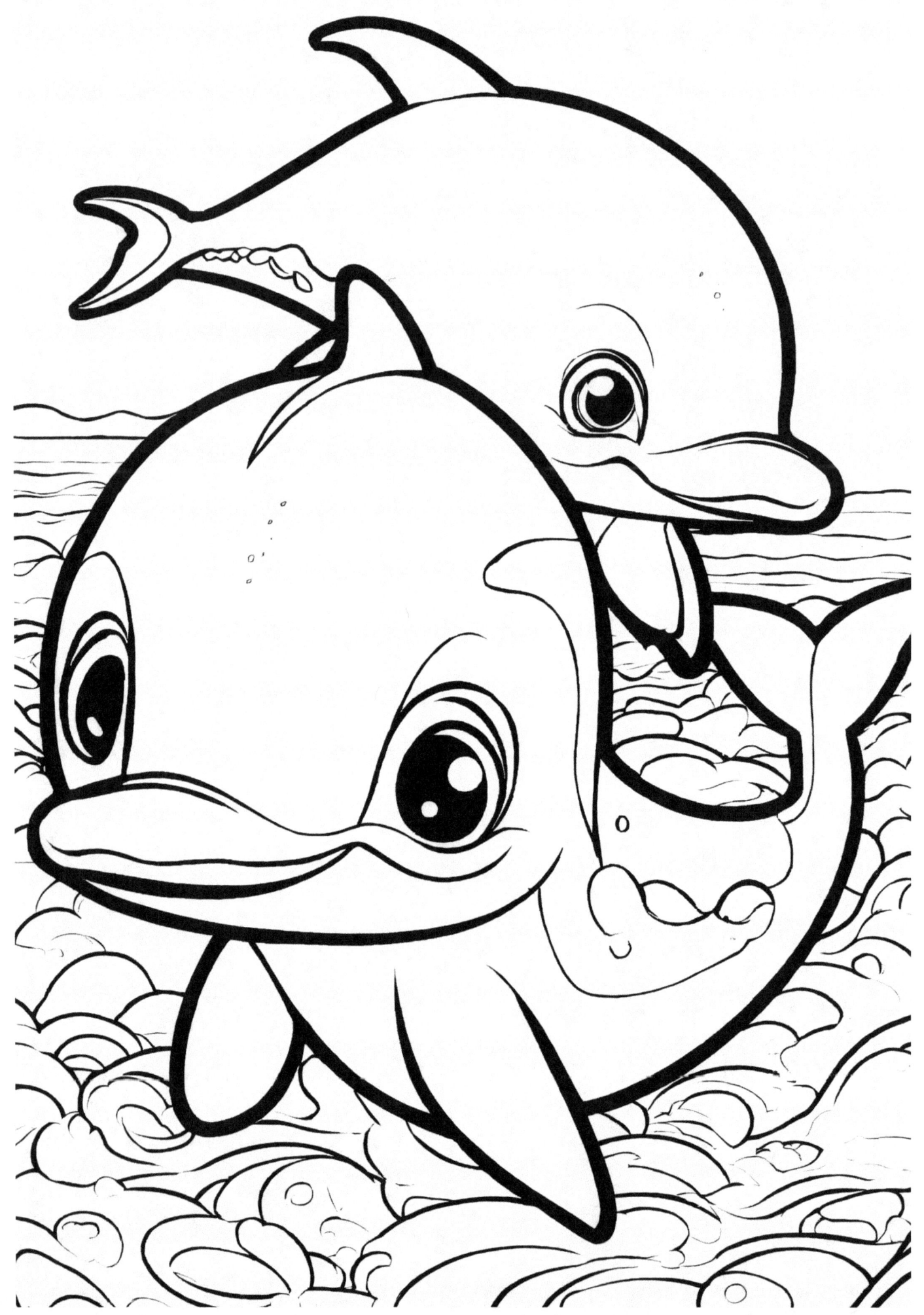

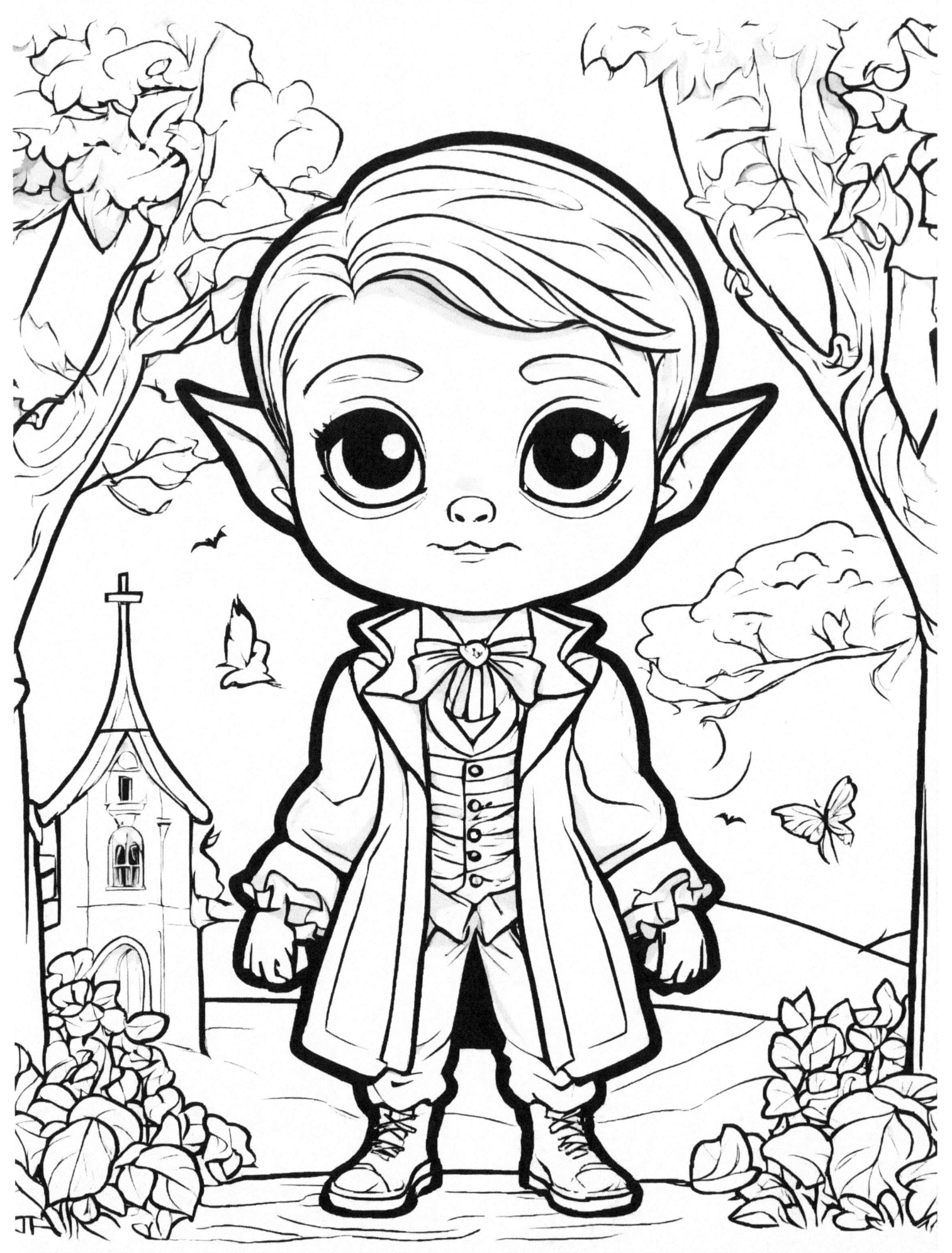

www.ingramcontent.com/pod-product-compliance
Lightning Source LLC
Chambersburg PA
CBHW062233220526
45471CB00009B/3455